TIME FOR KIDS

Serpientes de cerca

Christopher Blazeman

Asesor

Timothy Rasinski, Ph.D.
Kent State University

Créditos

Dona Herweck Rice, *Gerente de redacción*
Robin Erickson, *Directora de diseño y producción*
Lee Aucoin, *Directora creativa*
Conni Medina, M.A.Ed., *Directora editorial*
Ericka Paz, *Editora asistente*
Stephanie Reid, *Editora de fotos*
Rachelle Cracchiolo, M.S.Ed., *Editora comercial*

Créditos de las imágenes

Cover & p.1 Andrey Parfenov/iStockphoto; p.3 Eric Isselée/Shutterstock; p.4 Rob Marmion/Shutterstock; p.5 Igorsky/Shutterstock; p.6 Lana Langlois/Shutterstock; p.6 Liza McCorkle/iStockphoto; p. 6–7 Lana Langlois/ Shutterstock; p.7 Image Source/iStockphoto; p.8 top: Alistair Berg/Photolibrary; p.8 bottom: Sam DCruz/Shutterstock; p.9 top: Hannamariah/Shutterstock; p.9 bottom: Oshchepkov Dmitry/Shutterstock; p.10 top: Paul Tessier/iStockphoto; p.10 bottom: Paul Tessier/iStockphoto; p.11 top: Rusty Dodson/ Shutterstock; p.11 bottom: Senk/Shutterstock;p.12 top: Evolve/Photoshot/Newscom; p.12 bottom: Bogdan Ionescu/Shutterstock; p.13 top: Arie v.d. Wolde/Shutterstock; p.13 bottom: Lunatic67/Shutterstock; p.14 top and bottom Eric Isselée/Shutterstock; p.15 top: Erllre74/Shutterstock; p.15 bottom: James Horning/ Shutterstock; p.16 Images in the Wild/iStockphoto; p.16–17 Mark Kostich/iStockphoto; p.17 AZP Worldwide/ Shutterstock; p.18 Morales/Photolibrary; p.19 top: John Cancalosi/Photolibrary; p.19 bottom: Manit321/ Shutterstock; p.20 top: Audrey Snider-Bell/Shutterstock; p.20 bottom: Paco Espinoza/Shutterstock; p.21 EcoPrint/Shutterstock; p.21 left: Andys/Shutterstock; p.21 right: Visuelldesign/Shutterstock; p.22 Brasil2/ iStockphoto; p.23 top: Audrey Snider-Bell/Shutterstock; p.23 bottom: Tony & Sheila Phelps/Photolibrary; p.24 top: Turtleman/Shutterstock; p.24 bottom: Mark Kostich/iStockphoto; p.25 JTony Allen/Photolibrary; p.26 top: Archana Bhartia/Dreamstime; p.26 bottom: 81A Productions/Photolibrary; p.27 Igorsky/ Shutterstock; p.28 Eric Isselée/Shutterstock

Basado en los escritos de *TIME For Kids.*

Teacher Created Materials
5301 Oceanus Drive
Huntington Beach, CA 92649-1030
http://www.tcmpub.com

ISBN 978-1-4333-4445-9

Printed in China WAI002

Tabla de contenido

Sammy....................................4

Todo acerca de las serpientes....8

Cómo viven las serpientes.......16

Tabla de serpientes 27

Glosario 28

Sammy

—Mamá, ¿me puedo quedar con ella?— preguntas.

—¿Quedarte con quién?— responde tu mamá.

—Con Sammy—, explicas.

—¿Quién es Sammy?— quiere saber tu mamá.

—Ssssss—, sisea Sammy.

—¡Ay!— grita tu mamá.

Entonces, ¿quién es Sammy?

Sammy es una serpiente, por supuesto.

pitón

¿Una serpiente sería una buena mascota? En este libro aprenderás sobre las serpientes. Al terminar de leerlo, podrás responder a esta pregunta. No olvides pedir permiso antes de traer una serpiente a casa.

Todo acerca de las serpientes

pitón albino

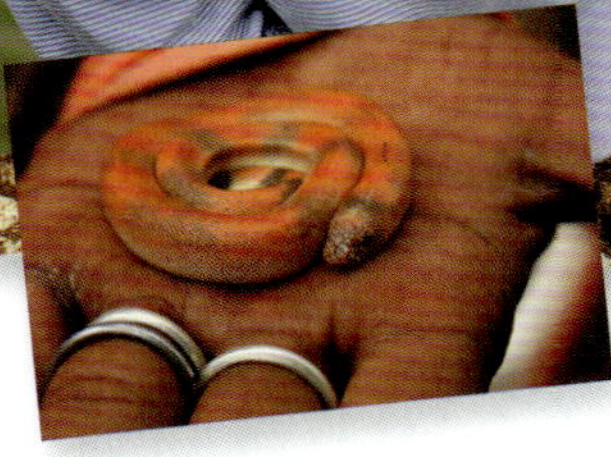

pitón anaranjado

Algunas serpientes son tan largas como un árbol. Otras son tan cortas como un dedo. Unas son gruesas, otras son delgadas. Algunas son peligrosas pero la mayoría son inofensivas.

boa constrictora

culebra

Las serpientes pueden ser diferentes pero tienen muchos aspectos en común.

Las serpientes son reptiles. La mayoría de las serpientes ponen huevos muy correosos. Cuando nace una serpiente, no necesita la ayuda de su madre. Pueden cuidarse solas.

El cuerpo de las serpientes está cubierto por **escamas**. Tienen un aspecto húmedo y viscoso, pero en realidad son secas y duras.

Las serpientes no tienen patas. Se arrastran sobre su vientre o se deslizan de lado a lado.

Las serpientes tampoco tienen párpados. ¡No importa! La mayoría de las serpientes tienen buena vista.

Las serpientes no tienen oídos. Sienten el movimiento en el suelo y así oyen.

¿Tienen olfato las serpientes? Sí, huelen con ayuda de sus lenguas bífidas.

lengua bífida

serpiente de maíz

cascabel
diamante

Las serpientes son animales de **sangre fría**. El calor de su cuerpo depende de la temperatura ambiental. Por esta razón, casi todas las serpientes viven en lugares cálidos.

Cómo viven las serpientes

Es posible encontrar serpientes en casi todas partes. Las serpientes pueden vivir en selvas, pantanos, bosques y desiertos.

Pueden vivir en árboles, lagos o agujeros en el suelo.

Incluso si no sabes dónde vive una serpiente, puedes adivinar por dónde pasó. Las serpientes cambian de piel al crecer.

La piel se desprende como un calcetín. Después, la serpiente se arrastra y deja atrás la piel vieja.

En ocasiones, las serpientes te avisan dónde están. Pueden agitar los cascabeles que tienen en la cola o hacer ruidos para asustarte y alejarte.

cobra albina

Para protegerse, algunas serpientes fingen estar muertas. Otras tienen colores vivos para indicar que son venenosas.

Algunas serpientes tienen **veneno**. El veneno fluye por los filosos **colmillos** huecos de estas serpientes. Usan el veneno para paralizar a otros animales.

Todas las serpientes comen carne, y el veneno ayuda a algunas a conseguir alimento. Otras serpientes **aprietan** su presa hasta que muere.

Las serpientes tragan sus alimentos enteros. A veces, ¡su alimento aún está vivo!

Por lo general, las serpientes comen animales pequeños. Algunas serpientes tienen una **mandíbula articulada** que les permite abrir mucho la boca y alimentarse también de animales grandes.

Entonces, ¿una serpiente sería una buena mascota? No hay una respuesta correcta. Tú debes decidirlo.

Para ayudarte a tomar esta decisión, esta tabla te recuerda cosas sobre las serpientes.

Tabla de serpientes

ojos	dos ojos, sin párpados
oídos	no tienen oídos, sino que sienten los movimientos
cuerpo	cubierto por escamas, no tienen patas, son de sangre fría y cambian de piel
movimiento	se arrastran o se deslizan
crías	nacen de huevos o vivas y pueden cuidarse solas desde que nacen
protección	cascabeleo, ruidos, fingen estar muertas, tienen colores vivos o lanzan veneno
alimentación	muerden o aprietan y tragan el alimento entero
hogar	selvas, pantanos, bosques, desiertos, árboles, lagos o agujeros en el suelo

Glosario

apretar—oprimir con fuerza; en el caso de las serpientes, esto también se conoce como constricción

colmillos—los dientes largos y puntiagudos

escamas—las placas duras y secas que cubren el cuerpo de las serpientes

mandíbula articulada—articulación especial que permite a las serpientes abrir mucho la boca

sangre fría—el calor del cuerpo depende de la temperatura ambiental.

veneno—sustancia peligrosa que fluye por los colmillos huecos de algunas serpientes